(
al
corazón de
Cristo

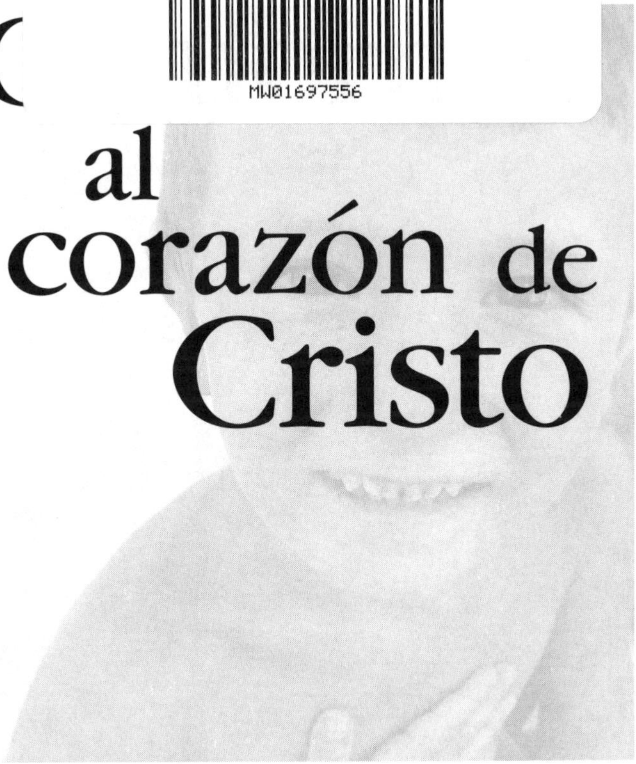

Conforme al corazón de Cristo

¡Una palabra para hoy!

DAVID GRECO

CASA CREACIÓN

Conforme al corazón de Cristo por David Greco
Publicado por Casa Creación
Una división de Strang Communications Company
600 Rinehart Road
Lake Mary, FL 32746
www.casacreacion.com

Diseño de portada por: Judith McKittrick

ISBN: 0-88419-863-4
Impreso en los Estados Unidos de América

02 03 04 05 06 07   8 7 6 5 4 3 2 1

Índice

Introducción

Usted tiene en sus manos uno de los cinco libros que componen la *Serie palabras para hoy.* Como editorial decidimos que ese nombre era el apropiado porque consideramos que cada una de las estas obras contienen una palabra de parte de Dios para *usted* — para estos días.

En esta serie encontrará los mensajes que necesita para darle la prioridad a su búsqueda intensiva de Dios. Más importante aún, estos libros lo ayudarán a experimentar la intimidad con el Señor que tanto anhela — en lugar de quedarse con experiencias ajenas.

En estos libros David Greco transmite la motivación para cambiar de vida y tener una relación más estrecha con Él. Además, el autor comunica:

- Una advertencia para cuidarse de los caminos equivocados, y a saber esperar las respuestas directas de Dios.
- La fortaleza y motivación para pelear por lo que Dios le ha prometido, y a seguir buscando respuestas en el Señor.
- El ánimo en medio del sufrimiento y la tribulación.
- El entendimiento de que Dios actúa de manera diferente en cada tiempo de la vida del creyente.
- El discernimiento para prestar atención ante falsas enseñanzas y falsos profetas.
- La visión de una misión universal con respecto a un avivamiento en el mundo entero en los próximos años.
- La sabiduría para ponerse en las manos de Dios para que Él lo use según sus propósitos.

Es evidente que David Greco tiene

en su corazón la carga por un nuevo ejército de Dios — una nueva generación de buscadores del Señor en todos los países del mundo. Esta serie fue escrita con el deseo de encontrar a esos buscadores y compartirles las verdades de Dios para prepararlos para el avivamiento que se aproxima. ¿Es usted un buscador? ¿Quiere ser parte de esa generación pionera?

Si usted tiene sed de algo nuevo va a ser impactado por la revelación que Dios le ha dado a David Greco y por la destreza de su aplicación bíblica.

Además de este libro, otros títulos en la serie son:

- La generación de Jacob
- Espíritus familiares
- Las temporadas de Dios
- La carrera de los vencedores

Lo alentamos a que lea cada uno de estos mensajes y prepare su corazón para la búsqueda y el encuentro con Dios.

—*Casa Creación*

Capítulo 1

El corazón de David

Cuando David se establece en Jerusalén como rey, la ciudad estaba bajo el dominio de los jebuseos.

> «Mas a los jebuseos que habitaban en Jerusalén, los hijos de Judá no pudieron arrojarlos; y ha quedado el jebuseo en Jerusalén con los hijos de Judá hasta hoy.»
>
> *Josué 15:63*

Los jebuseos estaban establecidos en la ciudad de Jerusalén cuando Israel entró a la tierra prometida. Josué recibió la orden de arrojar a todos los habitantes de Canaán. Pero los israelitas en lugar de obedecer hicieron alianzas con los habitantes de la tierra, cobrándoles impuestos por el uso del territorio. Los jebuseos estuvieron en la fortaleza de Sion, otro nombre dado a la ciudad de Jerusalén, hasta que David fue instalado como rey de Israel.

David era un hombre que deseaba honrar a Dios. Sabía claramente que Él era omnipresente.

> «¿Adónde me iré de tu Espíritu?

> ¿Y a dónde huiré de tu presencia? Si subiere a los cielos, allí estás tú; y si en el Seol hiciere mi estrado, he aquí, allí tú estás. Si tomare las alas del alba y habitare en el extremo del mar, aun allí me guiará tu mano, y me asirá tu diestra. Si dijere: Ciertamente las tinieblas me encubrirán; aun la noche resplandecerá alrededor de mí. Aun las tinieblas no encubren de ti, y la noche resplandece como el día; lo mismo te son las tinieblas que la luz.»
>
> *Salmo 139:7-12*

David buscaba mucho más que contemplar la presencia de Dios; anhelaba contemplar su gloria, la presencia manifestada en todo su esplendor y santa hermosura. Estas son las palabras del salmista:

> «Dios, Dios mío eres tú; de madrugada te buscaré; mi alma tiene sed de ti, mi carne te anhela, en tierra seca y árida donde no hay aguas, para ver tu poder y tu

> gloria, así como te he mirado en el santuario. Porque mejor es tu misericordia que la vida; mis labios te alabarán. Así te bendeciré en mi vida; en tu nombre alzaré mis manos.»
>
> *Salmo 63:1-4*

En el Salmo 139, David reconoce que no puede escapar de la presencia divina. Pero en el Salmo 63, declara que hay una dimensión de Dios que solamente puede contemplarse en el «santuario». Ese era el lugar donde estaba el poder y la gloria de Dios.

La palabra «santuario» es usada por primera vez en Éxodo capítulo 3.

Moisés vio en Horeb, el monte santo, una zarza que ardía y no se consumía. Experimentó una de las revelaciones de la gloria de Dios: el Ángel del Señor se le apareció en una llama de fuego.

> «Y se le apareció el Ángel de Jehová en una llama de fuego en medio de una zarza; y él miró, y vio que la zarza ardía en fuego, y

> la zarza no se consumía. Entonces Moisés dijo: Iré yo ahora y veré esta grande visión, por qué causa la zarza no se quema. Viendo Jehová que él iba a ver, lo llamó Dios de en medio de la zarza, y dijo: ¡Moisés, Moisés! Y él respondió: Heme aquí. Y dijo: No te acerques; quita tu calzado de tus pies, porque el lugar en que tú estás, *tierra santa es.*»
>
> *Éxodo 3:2-5, énfasis añadido*

En el Antiguo Testamento, las apariciones del Ángel del Señor, son revelaciones y manifestaciones de Jesucristo.

En el pasaje de Éxodo, Dios declara que el lugar en donde estaba la manifestación de Cristo era tierra santa, un «santuario». Esta palabra describe un lugar separado, consagrado exclusivamente como habitación de Dios. «Santuario» fue el nombre que se le asignó al tabernáculo, una casa hecha con estacas y cubierta con pieles que se dividía en dos secciones: el lugar santo y el lugar santísimo. El lugar santo era la habitación donde se encontraba el altar de incienso, el candelero de oro y la mesa con los panes de la proposición. Y el lugar santísimo era la habitación en donde estaba el arca del testimonio que contenía una vasija con maná, la vara de Aarón que reverdeció y las tablas de la ley.

El santuario era el lugar donde se manifestaban la gloria y el poder de Dios.

En el lugar santo había tres manifestaciones de la gloria:

1. *El candelero de oro.* Siempre estaba ardiendo porque el aceite era renovado continuamente. En el santuario no entraba la luz del sol. Solo las siete llamas del candelero proporcionaban luz al lugar.

2. *Los panes de la proposición.* Todos los viernes eran cocidos y puestos en la mesa del santuario, un día antes del día de reposo. Después de siete días de haber estado allí, los panes de la

proposición continuaban frescos como si recién hubiesen salido del horno. La presencia de Dios mantenía el pan fresco toda la semana. De este pan comían los sacerdotes del santuario.

3. *El incienso del altar.* Tres veces al día los levitas debían ofrecer incienso frente al velo del lugar santísimo. El incienso del altar llenaba el lugar santo de humo y de perfume. Según la tradición judía, el humo subía al cielo en forma de columna. Aun con viento o tormenta siempre se elevaba de esta manera para que todo el pueblo de Israel pudiese ver que Dios recibía su adoración.

En el lugar santísimo moraba la gloria de Dios, la manifestación de su presencia entre los dos querubines de oro. Desde el trono de misericordia, el lugar de la propiciación, Dios se manifestaba de una manera distinta.

«Y los querubines extenderán

> por encima las alas, cubriendo con sus alas el propiciatorio; sus rostros el uno enfrente del otro, mirando al propiciatorio los rostros de los querubines. Y pondrás el propiciatorio encima del arca, y en el arca pondrás el testimonio que yo te daré. Y de *allí me declararé a ti, y hablaré contigo* de sobre el propiciatorio, de entre los dos querubines que están sobre el arca del testimonio, todo lo que yo te mandare para los hijos de Israel.»
>
> *Éxodo 25:20-22, énfasis añadido*

En el lugar de la gloria manifestada, Moisés tenía una cita con Dios. Este encuentro no era casual, tenía un propósito: la comunión entre Dios y los hombres. Desde allí, Él impartía su palabra a todo el pueblo de Israel.

En el lugar santo, la gloria de Dios era contemplada a través de la luz y el fuego del candelero, percibida a través de la fragancia del incienso que llenaba toda la habitación, y recibida como alimento a través de la frescura de los panes de la proposición. Pero en el lugar santísimo, Dios manifestaba toda su gloria al sacerdote y le impartía su palabra, su revelación, su voluntad.

Esto era lo que David deseaba experimentar diariamente. Esta era su magnífica obsesión: habitar en el santuario y ver la gloria de Dios.

Durante la conquista de Canaán, la gloria de Dios se manifestó en el tabernáculo, entre los querubines del arca del pacto. El tabernáculo fue inicialmente establecido en Silo. Muchos años después, durante el sacerdocio de Elí, el arca fue tomada por los filisteos en una batalla. Pero luego de varias semanas fue devuelta a Israel. Al recibirla, los israelitas resolvieron dejarla en la casa de un levita.

«Y dijeron los de Bet-semes: ¿Quién podrá estar delante de Jehová el Dios santo? ¿A quién subirá desde nosotros?

> Y enviaron mensajeros a los habitantes de Quiriat-jearim, diciendo: Los filisteos han devuelto el arca de Jehová; descended, pues, y llevadla a vosotros.
>
> Vinieron los de Quiriat-jearim y

> llevaron el arca de Jehová, y la pusieron en casa de Abinadab, situada en el collado; y santificaron a Eleazar su hijo para que guardase el arca de Jehová. Desde el día que llegó el arca a Quiriat-jearim pasaron muchos días, veinte años; y toda la casa de Israel lamentaba en pos de Jehová.»
>
> *1 Samuel 6:20-21, 7:1-2*

Durante el reinado de Saúl, el arca permaneció en la casa de Abinadab. Cuando David fue ungido rey sobre Israel, el arca no estaba en Jerusalén, e inmediatamente ordenó traerla, porque la gloria de Dios debía morar en Sion.

Pero había un problema: los jebuseos seguían allí. Entonces David mandó tomar la fortaleza de Sion. Lo primero que quería hacer era restablecer la gloria de Dios.

David deseaba habitar en su santuario y ver su gloria.

PREGUNTAS

1. ¿Qué es lo que David anhelaba contemplar?

____

____

____

____

____

2. ¿Cuáles son las tres manifestaciones de la gloria?

a. ______________________________

b. ______________________________

c. ______________________________

3. ¿Qué era lo primero que David quería hacer cuando tomó la fortaleza de Sion?

RESTABLESER - LA

GLORIA DE DIOS

____

____

____

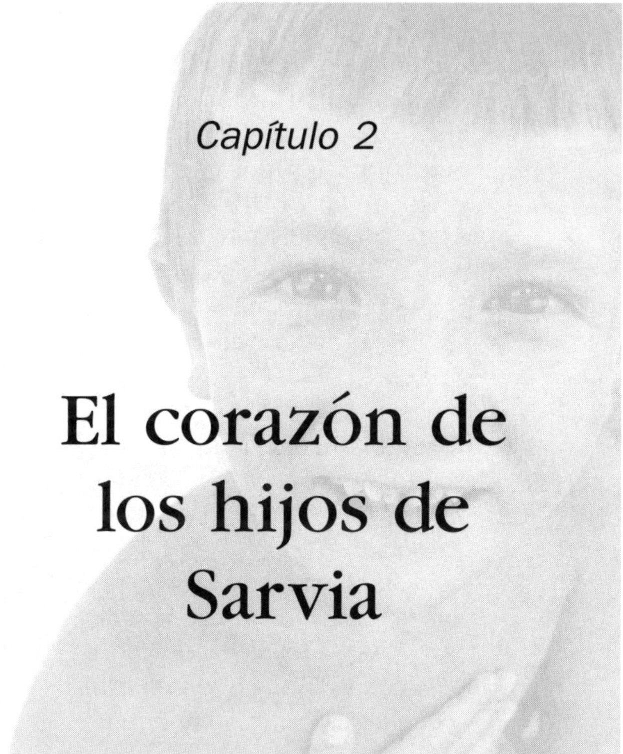

Capítulo 2

El corazón de los hijos de Sarvia

David quería traer la gloria de Dios a Jerusalén, pero necesitaba a alguien que tomara la fortaleza de Sion. Entonces uno de los hijos de Sarvia dijo que subiría primero.

¿Quiénes eran los hijos de Sarvia?

En 1 Crónicas 2:12-16 se menciona a Sarvia como hermana de David y añade que tuvo tres hijos: Abisai, Joab y Asael. Los hijos de Sarvia eran sobrinos de David.

Los tres estuvieron muy cerca de él. Fueron de los más leales.

Pero en 2 Samuel 19:22 David se dirige a los hijos de Sarvia, y les dice:

> «...¿Qué tengo yo con vosotros, hijos de Sarvia, para que hoy me seáis adversarios? ¿Ha de morir hoy alguno en Israel? ¿Pues no sé yo que hoy soy rey sobre Israel?»

Veamos algunas características de estos hombres. Comenzaremos con Joab, el mayor de estos tres hermanos.

Sion estaba edificada sobre un monte y quien fuera a conquistarla ya corría con una desventaja. Pero Joab era tan valiente y obediente a David que dijo: «Rey, yo voy. Si tú me dices que hay que ir, yo voy.»

> «Y los moradores de Jebús dijeron a David: No entrarás acá. Mas David tomó la fortaleza de Sion, que es la ciudad de David. Y David había dicho: El que primero derrote a los jebuseos será cabeza y jefe. Entonces Joab hijo de Sarvia subió el primero, y fue hecho jefe.»
>
> *1 Crónicas 11:5-6*

Joab, el más valiente, no solo conquistó la ciudad sino que también se ocupó de repararla.

> «Y David habitó en la fortaleza, y por esto la llamaron la Ciudad de David. Y edificó la ciudad alrededor, desde Milo hasta el muro; y Joab reparó el resto de la ciudad.»
>
> *1 Crónicas 11:7-8*

Joab hizo todo el trabajo: conquistó y reconstruyó todo lo que había quedado destruido. Pero la ciudad no fue llamada «ciudad de Joab». Él era leal al rey y cuando llegó el momento del reconocimiento, todo fue para David, quien no olvidó a Joab y lo nombró general del ejército.

> «Joab hijo de Sarvia era general de su ejército...»
>
> *2 Samuel 8:16*

En 2 Samuel se describe el corazón de Joab.

> «Viendo pues Joab que se le presentaba la batalla de frente y en la retaguardia, entresacó de todos los escogidos de Israel, y se puso en orden de batalla contra los sirios. Entregó luego el resto del ejército en manos de Abisai su hermano, y lo alineó para encontrar a los amonitas. Y dijo: Si los sirios pudieren más que yo, tú me ayudarás; Y si los hijos de Amón pudieren más que tú, yo te daré ayuda.»
>
> *2 Samuel 10:9-11*

Joab era un jugador de equipo. Su motivación al hacer esto, está muy bien descripta en 2 Samuel 10:12:

> «Esfuérzate, y esforcémonos por nuestro pueblo, y por las ciudades de nuestro Dios; y haga Jehová lo que bien le pareciere.»

Era un hombre que ponía su vida por el pueblo y también por las ciudades de Dios.

En 2 Samuel 12 David ordena tomar la ciudad de Rabá y Joab la ataca hasta que conquista la puerta de la ciudad. En aquel tiempo los pueblos estaban rodeados por un muro y los muros tenían una puerta. Para entrar a la ciudad había que conquistar la puerta. El que tenía la puerta controlaba la ciudad.

Cuando la Biblia habla de puertas habla de personas que tienen dominio. Ancianos, líderes y gobernantes siempre estaban en la puerta. Ellos cobraban los impuestos, controlaban lo que debían pagar los extranjeros cuando entraban, y también quiénes tenían que salir. La puerta era el lugar de autoridad.

Veamos lo que hace Joab una vez que toma Rabá.

«Joab peleaba contra Rabá de los hijos de Amón, y tomó la ciudad real.

> Entonces envió Joab mensajeros a David, diciendo: Yo he puesto sitio a Rabá, y he tomado la ciudad de las aguas. Reúne, pues, ahora al pueblo que queda, y acampa contra la ciudad y tómala, no sea que tome yo la ciudad y sea llamada de mi nombre.»
>
> *2 Samuel 12:26-28*

Joab tomó la puerta pero no entró a tomar dominio de la ciudad. Mandó llamar a David que estaba en Jerusalén, diciéndole que la ciudad de las aguas había sido conquistada y que estaba lista para que él la ocupara. Había peleado, sudado, sufrido; pero no iba a llevarse la gloria, no quería que esa ciudad se llamara ciudad de Joab, sino ciudad de David. Era tan fiel y tan leal que no entró a la ciudad. Le cedió la gloria al rey.

Joab era el valiente, el voluntario número uno. Era el general del ejército, temido por sus enemigos. Se esforzaba por el pueblo y las ciudades de Dios, y nunca se llevaba la gloria.

Joab no solo era fiel sino que también conocía el corazón del rey, sabía cuando estaba triste.

En 2 Samuel 14 dice que él hizo algo para mudar el aspecto de las cosas, cambiar el ambiente en donde estaba David que sufría por su rebelde hijo Absalón.

Joab trajo a una mujer del pueblo de Tecoa que se hizo pasar por una viuda que había perdido a sus hijos.

> «Conociendo Joab hijo de Sarvia que el corazón del rey se inclinaba por Absalón...Entró, pues, aquella mujer de Tecoa al rey, y postrándose en tierra sobre su rostro, hizo reverencia, y dijo: ¡Socorro, oh rey!
>
> *El rey le dijo: ¿Qué tienes? Y ella respondió: Yo a la verdad soy una mujer viuda...*

Tu sierva tenía dos hijos, y los dos riñeron en el campo; y no habiendo quien los separase, hirió el uno al otro, y lo mató.

Y he aquí toda la familia se ha levantado contra tu sierva, diciendo: Entrega al que mató a su hermano, para que le hagamos morir por la vida de su hermano a quien él mató, y matemos también al heredero.

Así apagarán el ascua que me ha quedado, no dejando *a mi marido nombre ni reliquia sobre la tierra.*

Dijo ella entonces: Te ruego, oh rey, que te acuerdes de Jehová tu Dios, para que el vengador de la sangre no aumente el daño, y no destruya a mi hijo. Y él respondió: Vive Jehová, que no caerá ni un cabello de la cabeza de tu hijo en tierra. Entonces la mujer dijo: ¿Por qué, pues, has pensado tú cosa semejante contra el pueblo de Dios? Porque hablando el rey esta palabra, se hace culpable él mismo, por cuanto el rey no hace

> volver a su desterrado.
>
> Porque de cierto morimos, y somos como aguas derramadas por tierra, que no pueden volver a recogerse; ni Dios quita la vida, sino que provee medios para no alejar de sí al desterrado.»
>
> *2 Samuel 14:1,4-7, 11,13-14, énfasis añadido*

Cuando David mostró misericordia con el hijo de esta mujer, ella cuestionó al rey porque no tenía la misma actitud con su propio hijo Absalón, el desterrado.

David miró a la mujer y le dijo: «La mano de Joab está en esto». Sabía que quería verlo feliz, e iba a hacer cualquier cosa para lograrlo.

Joab también trató de evitar que David desobedeciera a Dios haciendo un censo en Israel. Esto estaba prohibido por Dios en la ley de Moisés. Por eso Joab hizo todo lo posible para que David cambiara de opinión, no quería que el castigo de Dios cayera sobre el rey.

Pero David quería saber cuántos hombres de guerra había entre el pueblo; aunque Dios le había dicho que su confianza debía estar en Él, y no en soldados, en carros y en caballos.

> «Y dijo el rey a Joab, general del ejército que estaba con él: Recorre ahora todas las tribus de Israel, desde Dan hasta Beerseba, y haz un censo del pueblo, para que yo sepa el número de la gente.
>
> *Joab respondió al rey: Añada Jehová tu Dios al pueblo cien veces tanto como son, y que lo vea mi señor el rey; mas ¿por qué se complace en esto mi señor el rey?*»
>
> *2 Samuel 24:2-3, énfasis añadido*

A pesar de las recomendaciones de Joab, el censo se llevó a cabo.

> «Y Joab dio el censo del pueblo al rey; y fueron los de Israel ochocientos mil hombres fuertes que sacaban espada, y los de Judá quinientos mil hombres.»
>
> *2 Samuel 24:9*

Queda claramente demostrado que

Joab era un hombre leal, fiel, luchador, sabía trabajar en equipo y no dudaba en poner su vida por el pueblo de Israel.

David tenía un gran ejército; pero además un grupo especial de treinta hombres. Eran una elite, lo mejor. A cargo de ellos estaba Abisai, otro de los hijos de Sarvia.

> «Y Abisai hermano de Joab, hijo de Sarvia, fue el principal de los treinta. Este alzó su lanza contra trescientos, a quienes mató, y ganó renombre con los tres.»
>
> *2 Samuel 23:18*

El valor es la primera cualidad que podemos observar en la vida de este hombre. Fue capaz de matar a trescientos hombres solo con su lanza.

Abisai estaba siempre junto al rey. ¿Recuerda aquella ocasión en que David descendió al campamento de Saúl cuando este lo perseguía? Al lado de David estaba Abisai.

> «Entonces David dijo a Ahimelec

heteo y a Abisai hijo de Sarvia, hermano de Joab: ¿Quién descenderá conmigo a Saúl en el campamento? Y dijo Abisai: Yo descenderé contigo. David, pues, y Abisai fueron de noche al ejército; y he aquí que Saúl estaba tendido durmiendo en el campamento, y su lanza clavada en tierra a su cabecera; y Abner y el ejército estaban tendidos alrededor de él. Entonces dijo Abisai a David: Hoy ha entregado Dios a tu enemigo en tu mano; ahora, pues, déjame que le hiera con la lanza, y lo enclavaré en la tierra de un golpe, y no le daré segundo golpe.»

1 Samuel 26:6-8

En otra oportunidad, David deseó beber el agua de Belén mientras se encontraba en la cueva de Adulam. Veamos de qué manera actuaron los tres valientes de David, entre ellos Abisai:

«David entonces estaba en el lugar fuerte, y había en Belén una

> guarnición de los filisteos. Y David dijo con vehemencia: ¡Quién me diera a beber del agua del pozo de Belén que está junto a la puerta! Entonces los tres valientes irrumpieron por el campamento de los filisteos, y sacaron agua del pozo de Belén que estaba junto a la puerta; y tomaron, y la trajeron a David; mas él no la quiso beber, sino que la derramó para Jehová, diciendo: Lejos sea de mí, oh Jehová, que yo haga esto. ¿He de beber yo la sangre de los varones que fueron con peligro de su vida? Y no quiso beberla.»
>
> *2 Samuel 23:14-17*

Los tres valientes esperaron la noche y entraron en Belén. Cruzaron el campamento enemigo, sacaron el agua que tanto deseaba David y volvieron a salir por el mismo lugar. Pusieron en riesgo sus vidas por satisfacer el deseo del rey.

Abisai también estaba dispuesto a defender la reputación de David; era capaz de destruir al que ofendiera al rey.

Cuando Absalón llevó a cabo el golpe de estado, David no peleó contra su hijo. Después de tantos años de ser rey en Jerusalén, debió abandonar la ciudad de noche acompañado por los hijos de Sarvia y su servicio secreto. Al salir, un hombre llamado Simei, pariente de Saúl, se encontró con David en la puerta de la ciudad.

> «Y vino el rey David hasta Bahurim; y he aquí salía uno de la familia de la casa de Saúl, el cual se llamaba Simei hijo de Gera; y salía maldiciendo, y arrojando piedras contra David, y contra todos los siervos del rey David; y todo el pueblo y todos los hombres valientes estaban a su derecha y a su izquierda.
>
> Y decía Simei, maldiciéndole: ¡Fuera, fuera, hombre sanguinario y perverso! Jehová te ha dado el pago de toda la sangre de la casa de Saúl, en lugar del cual tú has reinado, y Jehová ha entregado el

reino en mano de tu hijo Absalón; y hete aquí sorprendido en tu maldad, porque eres hombre sanguinario. Entonces Abisai hijo de Sarvia dijo al rey: ¿Por qué maldice este perro muerto a mi señor el rey? Te ruego que me dejes pasar, y le quitaré la cabeza.»

2 Samuel 16:5-9

«Volvieron los filisteos a hacer la guerra a Israel, y descendió David y sus siervos con él, y pelearon con los filisteos; y David se cansó. E Isbi-benob, uno de los descendientes de los gigantes, cuya lanza pesaba trescientos siclos de bronce, y quien estaba ceñido con una espada nueva, trató de matar a David; mas Abisai hijo de Sarvia llegó en su ayuda, e hirió al filisteo y lo mató. Entonces los hombres de David le juraron, diciendo: Nunca más de aquí en adelante saldrás con nosotros a la batalla, no sea que apagues la lámpara de Israel.»

2 Samuel 21:15-17

La vida de David estaba en peligro. Isbi-benob, trataba de matarlo. Cuando Abisai lo vio dijo: «A la lámpara de Israel, el rey, no la toca nadie». Y fue hacia el gigante que tenía una gran lanza y lo mató. Este hombre puso en peligro su vida para defender al rey.

Los hechos demuestran que Abisai era valiente y esforzado, capaz de servir al rey frente a cualquier circunstancia y dar su vida por él.

Asael, el tercer hijo de Sarvia, era uno de los 30 valientes de David.

> «Estaban allí los tres hijos de Sarvia: Joab, Abisai y Asael. Este Asael era ligero de pies como una gacela del campo.»
>
> *2 Samuel 2:18*

Asael era un joven de mucha determinación. Cuando decidía algo lo llevaba adelante a pesar de los peligros o las dificultades, mucho más si se trataba de defender al reino de Israel.

> «Siguió Asael tras de Abner, sin

apartarse ni a derecha ni a izquierda.»

2 Samuel 2:19

Abner era el mejor soldado del ejército de Saúl. Tenía mucha experiencia militar y destreza. Era un formidable guerrero. En cambio Asael era uno de los valientes más jóvenes del ejército de David; pero esto no contó para él cuando vio a Abner en el campo. Aunque estaba solo, decidió seguirlo para darle muerte.

Los hijos de Sarvia pertenecían a la familia del rey. Tenían la misma sangre. Ellos eran leales a David, a su pueblo y a sus ciudades. Conocían las inclinaciones del corazón del rey. Cambiaban el aspecto de las cosas para que él se sintiera bien. Edificaban y reparaban el reino. Tenían celo por las leyes del reino de Dios. Se sacrificaban y defendían al rey y al reino. Sin embargo, en un momento determinado, David les dice: «¿Qué tengo yo con vosotros, hijos de Sarvia, para que hoy me seáis adversarios?»

Estos hombres amaban a David, y de

diferentes maneras le habían demostrado entrega y fidelidad. ¿Cómo es posible entonces que los llamara «adversarios»?

La palabra «adversario» en hebreo es la palabra «satán». Esta misma palabra es usada varias veces en el Antiguo Testamento. Quiero incluir algunas citas para que veamos de qué manera es utilizada.

> «Un día vinieron a presentarse delante de Jehová los hijos de Dios, entre los cuales vino también *Satanás*.»
>
> *Job 1:6*

> «Pon sobre él al impío, y *Satanás* esté a su diestra.»
>
> *Salmo 109:6, énfasis añadido*

> «Me mostró al sumo sacerdote Josué, el cual estaba delante del ángel de Jehová, y *Satanás* estaba a su mano derecha para acusarle.»
>
> *Zacarías 3:1, énfasis añadido*

David denominó a los hijos de Sarvia «satanes». ¿Por qué? Porque aunque hicieron todo por el rey, *nunca tuvieron el corazón del rey.*

Como hombres y mujeres de Dios podemos trabajar intensamente, podemos sacrificarnos, podemos ser muy leales a la obra de Dios; pero si no tenemos el corazón del Rey Jesús, somos sus adversarios.

Abner continuó la guerra contra David después de la muerte de Saúl. En medio de la batalla, Asael encontró al general del ejército de Saúl y decidió perseguirlo. Cuando Abner vio que Asael lo seguía, le pidió que se apartara de él; pero como no lo hizo lo mató.

> «Y miró atrás Abner, y dijo: ¿No eres tú Asael? Y él respondió: Sí. Entonces Abner le dijo: Apártate a la derecha o a la izquierda, y echa mano de alguno de los hombres, y toma para ti sus despojos. Pero Asael no quiso apartarse de en pos de él. Y Abner volvió a decir a Asael: Apártate de en pos de mí; ¿por qué he de herirte hasta derribarte?

> ¿Cómo levantaría yo entonces mi rostro delante de Joab tu hermano? Y no queriendo él irse, lo hirió Abner con el regatón de la lanza por la quinta costilla, y le salió la lanza por la espalda, y cayó allí, y murió en aquel mismo sitio. Y todos los que venían por aquel lugar donde Asael había caído y estaba muerto, se detenían.»
>
> *2 Samuel 2:20-23*

David no buscaba la guerra; quería que Israel viviera tranquilamente. Por eso le preparó un banquete a Abner e hizo un pacto de paz con él.

> «Vino, pues, Abner a David en Hebrón, y con él veinte hombres; y David hizo banquete a Abner y a los que con él habían venido. Y dijo Abner a David: Yo me levantaré e iré, y juntaré a mi señor el rey a todo Israel, para que hagan contigo pacto, y tú reines como lo desea tu corazón. David despidió luego a Abner, y él se fue en paz.»
>
> *2 Samuel 3:20-21*

Pero Joab y Abisai no buscaban la paz, querían vengar la muerte de su hermano Asael.

> «Y luego que llegó Joab y todo el ejército que con él estaba, fue dado aviso a Joab, diciendo: Abner hijo de Ner ha venido al rey, y él le ha despedido, y se fue en paz.»
>
> *2 Samuel 3:23*

Los hijos de Sarvia eran leales y valientes pero no sabían perdonar. Servían a David pero no tenían su corazón.

> «Entonces Joab vino al rey, y le dijo: ¿Qué has hecho? He aquí Abner vino a ti; ¿por qué, pues, le dejaste que se fuese? Tú conoces a Abner hijo de Ner. No ha venido sino para engañarte, y para enterarse de tu salida y de tu entrada, y para saber todo lo que tú haces.
>
> Y saliendo Joab de la presen-

> cia de David, envió mensajeros tras Abner, los cuales le hicieron volver desde el pozo de Sira, sin que David lo supiera. Y cuando Abner volvió a Hebrón, Joab lo llevó aparte en medio de la puerta para hablar con él en secreto; y allí, en venganza de la muerte de Asael su hermano, le hirió por la quinta costilla, y murió.»
>
> *2 Samuel 3:24-27*

Cuando David recibió la noticia de que Abner había muerto, sintió un gran dolor.

> «Entonces dijo David a Joab, y a todo el pueblo que con él estaba: Rasgad vuestros vestidos, y ceñios de cilicio, y haced duelo delante de Abner. Y el rey David iba detrás del féretro. Y sepultaron a Abner en Hebrón; y alzando el rey su voz, lloró junto al sepulcro de Abner; y lloró también todo el pueblo.»
>
> *2 Samuel 3:31-32*

Los hijos de Sarvia nunca reconocieron a Abner como príncipe de Israel. Para ellos era el enemigo. Pero el rey David no lo veía así. Él tenía un corazón misericordioso como el de Dios. David hizo un pacto de paz con Abner cuando este lo reconoció como rey de Israel, y olvidó el pasado. Pero no fue así con los duros hijos de Sarvia.

> «También dijo el rey a sus siervos: ¿No sabéis que un príncipe y grande ha caído hoy en Israel? Y yo soy débil hoy, aunque ungido rey; y estos hombres, los hijos de Sarvia, son muy duros para mí; Jehová dé el pago al que mal hace, conforme a su maldad.»
>
> *2 Samuel 3:38-39*

Esta no fue la única vez que David actuó así. Cuando Absalón, su hijo, se levantó para quitarle el trono, él dio esta orden:

> «Y el rey mandó a Joab, a Abisai y a Itai, diciendo: Tratad benigna-

mente por amor de mí al joven Absalón. Y todo el pueblo oyó cuando dio el rey orden acerca de Absalón a todos los capitanes.»

2 Samuel 18:5

Pero Joab no veía las cosas de la misma manera que el rey y no obedeció la orden.

«Y se encontró Absalón con los siervos de David; e iba Absalón sobre un mulo, y el mulo entró por debajo de las ramas espesas de una gran encina, y se le enredó la cabeza en la encina, y Absalón quedó suspendido entre el cielo y la tierra; y el mulo en que iba pasó delante. Viéndolo uno, avisó a Joab, diciendo: He aquí que he visto a Absalón colgado de una encina. Y Joab respondió al hombre que le daba la nueva: Y viéndolo tú, ¿por qué no le mataste luego allí echándole a tierra? Me hubiera placido darte diez siclos de plata, y un talabarte. El hombre dijo a Joab:

Aunque me pesaras mil siclos de plata, no extendería yo mi mano contra el hijo del rey; porque nosotros oímos cuando el rey te mandó a ti y a Abisai y a Itai, diciendo: Mirad que ninguno toque al joven Absalón.

Por otra parte, habría yo hecho traición contra mi vida, pues que al rey nada se le esconde, y tú mismo estarías en contra. Y respondió Joab: No malgastaré mi tiempo contigo. Y tomando tres dardos en su mano, los clavó en el corazón de Absalón, quien estaba aún vivo en medio de la encina.»

2 Samuel 18:9-14

Cuando David supo que Absalón había muerto hizo luto y no volvió a Jerusalén; se quedó en su tienda de campaña en el desierto de Judá. En señal de duelo no se bañaba, no se afeitaba, no se ponía ungüentos; y se tiraba cenizas encima mientras decía: «Ay, mi hijo Absalón, mi hijo Absalón».

Y Joab se enojó con David porque

lloraba a su hijo en el desierto en vez de ocupar el trono, el lugar que le pertenecía.

> «Entonces Joab vino al rey en la casa, y dijo: Hoy has avergonzado el rostro de todos tus siervos, que hoy han librado tu vida, y la vida de tus hijos y de tus hijas, y la vida de tus mujeres, y la vida de tus concubinas, *amando a los que te aborrecen, y aborreciendo a los que te aman*; porque hoy has declarado que nada te importan tus príncipes y siervos; pues hoy me has hecho ver claramente que si Absalón viviera, aunque todos nosotros estuviéramos muertos, entonces estarías contento.»
>
> *2 Samuel 19:5-6*

David, que tenía el corazón de Dios, podía amar a los que lo aborrecían. Pero Joab nunca entendió esto.

Después de la muerte de Absalón terminó la guerra y David decidió hacer la paz con Amasa, general del ejército de su hijo. Entonces le envió un mensaje: «Hermano mío y carne mía». ¡Al general que le había hecho guerra, que había preparado todo para que Absalón llegara al trono, a un traidor! Pero Amasa también era sobrino de David, hijo de su hermana Abigail.

> «Asimismo diréis a Amasa: ¿No eres tú también hueso mío y carne mía? Así me haga Dios, y aun me añada, si no fueres general del ejército delante de mí para siempre, en lugar de Joab. Así inclinó el corazón de todos los varones de Judá, como el de un solo hombre, para que enviasen a decir al rey: Vuelve tú, y todos tus siervos.»
>
> *2 Samuel 19:13*

David le ofrece a su sobrino Amasa la posición más alta dentro de su gabinete.

Esta fue la peor noticia que pudiera escuchar Joab. Debe haber pensado: «¿Cómo puede ser que el rey recompensa a un rebelde con la posición de general del ejército de Israel? ¿Cómo puede poner a un enemigo en ese lugar?»

Hasta ese momento, Joab había sido el general, el que se había encargado de proteger al rey, el que había arriesgado su vida por él.

> «Y estando ellos cerca de la piedra grande que está en Gabaón, les salió Amasa al encuentro. Y Joab estaba ceñido de su ropa, y sobre ella tenía pegado a sus lomos el cinto con una daga en su vaina, la cual se le cayó cuando él avanzó.
>
> Entonces Joab dijo a Amasa: ¿Te va bien, hermano mío? Y tomó Joab con la diestra la barba de Amasa, para besarlo. Y Amasa no se cuidó de la daga que estaba en la mano de Joab; y éste le hirió con ella en la quinta costilla, y derramó sus entrañas por tierra, y cayó muerto sin darle un segundo golpe.»
>
> *2 Samuel 20:8-10*

¿Merecía morir Amasa? Posiblemente. Pero David había decidido ser misericordioso con él.

David hizo luto por Amasa. Cuando regresó a Jerusalén, después del luto, ¿sabe quién lo estaba esperando en la puerta? Simei, el mismo hombre que tiempo atrás lo había insultado.

> «Y cruzaron el vado para pasar a la familia del rey, y para hacer lo que a él le pareciera. Entonces Simei hijo de Gera se postró delante del rey cuando él hubo pasado el Jordán, y dijo al rey: No me culpe mi señor de iniquidad, ni tengas memoria de los males que tu siervo hizo el día en que mi señor el rey salió de Jerusalén; no los guarde el rey en su corazón. Porque yo tu siervo reconozco haber pecado, y he venido hoy el primero de toda la casa de José, para descender a recibir a mi señor el rey. Respondió Abisai hijo de Sarvia y dijo: ¿No ha de morir por esto Simei, que maldijo al ungido de Jehová?»
>
> *2 Samuel 19:18-21*

Simei admitió su pecado. Pero a

pesar de esto Abisai dijo: «Ah, este perro ahora se está arrepintiendo. Este es el mismo que te insultó cuando salías, rey. ¿Lo mato de un golpe?» Entonces David dijo: «No, qué tengo que ver yo con vosotros, hijos de Sarvia, para que hoy me sean adversarios, satanes. ¿No soy hoy rey de Israel? ¿Cómo van a matar a alguien? Estoy volviendo al trono. Este es día de fiesta.»

Cuando David agonizaba, llamó a Salomón, su hijo, y le dijo: «Esta es una lista de gente que tienes que matar.»

> «Ya sabes tú lo que me ha hecho Joab hijo de Sarvia, lo que hizo a dos generales del ejército de Israel, a Abner hijo de Ner y a Amasa hijo de Jeter, a los cuales él mató, derramando en tiempo de paz la sangre de guerra, y poniendo sangre de guerra en el talabarte que tenía sobre sus lomos, y en los zapatos que tenía en sus pies. Tú, pues, harás conforme a tu sabiduría; no dejarás descender sus canas al Seol en paz.»
>
> *1 Reyes 2:5-6*

David le entregó a su hijo Salomón su última voluntad antes de morir: Debía matar a los hijos de Sarvia, sus adversarios, sus satanes.

Después de la muerte de David, Salomón mandó a buscar a Joab. Pero Joab era muy astuto, él conocía bien la ley y fue a esconderse en el tabernáculo. Una vez allí, se agarró del altar. La ley decía que se debía tener misericordia con la persona que estuviese agarrada a los cuernos del altar. Había que perdonarle la vida. Entonces el soldado que fue por él no se atrevió a matarlo y volvió para que el rey le dijera qué debía hacer. Entonces Salomón le dijo: «Mátalo, mi padre me dijo que lo mate». Y el soldado fue y mató a Joab agarrado de los cuernos del altar.

Creo que esta historia encierra una importante enseñanza. Muchos hombres y mujeres de hoy manifiestan una gran lealtad al reino de Dios, a la iglesia y a sus ministerios. Edifican su reino, trabajan hasta que no les queda una sola gota de sudor y dan su vida por la iglesia, la obra de Dios y su pueblo. Están como Joab, agarrados del altar del sacrificio. En el Nuevo Testamento, la cruz es el altar del Cordero de Dios. Hay gente que está agarrada de la cruz, pero no tienen el corazón del crucificado.

Cristo allí mismo dijo: «Perdónalos porque no saben lo que hacen». El crucificado tiene un corazón misericordioso. ¿Y usted?

PREGUNTAS

1. ¿Quiénes eran los hijos de Sarvia?

2. ¿Cómo describe la Biblia el corazón de Joab?

3. ¿Dónde estaba siempre Abisai?

4. La palabra "adversario" en hebreo es el término:

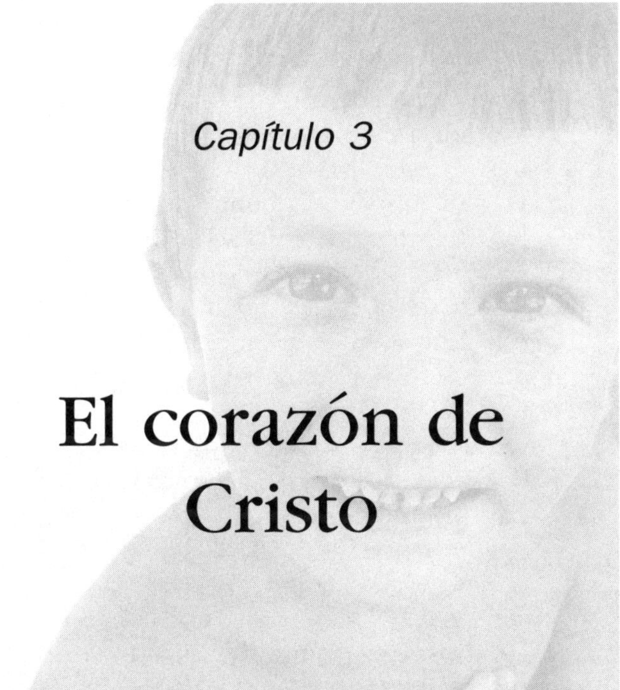

Capítulo 3

El corazón de Cristo

Pedro solía reaccionar como Joab. Cuando Jesús le dijo que iba a ser entregado a los líderes religiosos y que iba a morir, Pedro le contestó: «No, mientras yo esté vivo, a ti no te toca nadie; yo voy a pelear contra el que sea». Entonces Jesús le contestó: «Apártate de mí, Satanás», que en griego es «adversario». No estaba reprendiendo al diablo, estaba reprendiendo a Pedro. Lo llamó adversario porque aunque le amaba no tenía su corazón.

Cuando los soldados y los enviados del sumo sacerdote se acercaron a Jesús para prenderle, Pedro reaccionó rápidamente. Alzó su espada y le cortó la oreja a Malco, uno de los levitas que servían en el templo. ¿Por qué hizo esto? Muchos dicen que intentó matarlo pero falló su puntería. Personalmente creo que la intención de Pedro fue cortarle la oreja. Al hacer esto, descalificaba a este levita. Ningún descendiente de Leví podía servir en el templo mutilado.

¿Qué hizo Jesús en esta situación? Lo sanó. Pedro mutiló al levita, pero Jesús lo sanó.

La persona que aún no tiene el

corazón de Cristo puede mostrar celo por las cosas de Dios, defender su obra, buscar la justicia y el orden; pero a la vez descalificar a las personas que fallan y no mostrar misericordia.

Si yo no tengo el corazón de Jesús, Él me considera su «adversario».

¿Sabe cuántos adversarios hay en el reino de Dios? Muchos de ellos ocupan lugares de liderazgo y entregan todo por la obra. Pero un líder es una persona que tiene el corazón de Dios. Jesús se refiere a esto cuando dice:

> «Id, pues, y aprended lo que significa: Misericordia quiero, y no sacrificio.»
>
> *Mateo 9:13*

Usted puede leer muchos libros sobre liderazgo. ¡Léalos todos! Es más, yo no tengo nada en contra de aquellos que dan cursos de liderazgo. Pero los hijos de Sarvia hubieran sacado 100 puntos en uno de esos cursos. Edificaron, hicieron prosperar y multiplicar el reino. ¿Quién no los hubiera querido tener en su equipo ministerial? Sus currículums eran impecables, pero al final terminaron sentenciados a muerte por ser adversarios.

La nueva generación de hombres y mujeres que Dios está levantando en las naciones tienen el corazón de Cristo. Quizás no derriban gigantes, pero son capaces de amar a sus enemigos.

Por eso los logros en el reino de Dios no significan nada. Él está mirando el corazón. Mira qué hacemos cuando las cosas nos van mal, cuando la gente nos critica, cuando no cumplen lo que nos han prometido, cuando vienen las crisis.

Si usted quiere saber lo que hay en el corazón de una persona, ¡apriételo!

La palabra «tribulación» significa «aprieto», «estrecho». ¿Sabe para qué Dios nos aprieta y nos hace pasar por lugares bien estrechos? Para que veamos lo que hay dentro de nuestro corazón.

La Biblia dice:

> «El hombre bueno, del buen tesoro de su corazón saca lo

bueno; y el hombre malo, del mal tesoro de su corazón saca lo malo; porque de la abundancia del corazón habla la boca.»

Lucas 6:45

«Porque lo que sale de la boca, del corazón sale; y esto contamina al hombre. Porque del corazón salen los malos pensamientos, los homicidios, los adulterios, las fornicaciones, las blasfemias. Estas son las cosas que contaminan al hombre...»

Mateo 15:18-20

En cierta oportunidad, un hermano me dijo: «Yo he tenido sueños en donde lo mataba». Mientras lo miraba, pensaba: «Cómo es posible que me quiera matar, apenas lo conozco».

Me he encontrado con líderes que hablan de «tumbarle la cabeza a este y al otro».

Podemos estar agarrados del altar pero no tener el corazón del Cordero. Podemos tener la mejor doctrina, pero no tener el corazón del Maestro.

Podemos ser los más disciplinados, los más dedicados y hasta los más «exitosos», pero no tener el corazón de Dios.

Recuerdo que en un retiro, el pastor Rhadames Fernández, del Bronx, Nueva York, nos dio un estudio acerca de los hijos de Sarvia. Cuando oí este estudio tuve temor de Dios. No estaba seguro de tener el corazón de Cristo. Durante las siguientes semanas comencé a clamar: ¡Señor, quiero tu corazón! ¿Y sabe lo que sucedió? A los pocos días, algunos hermanos comenzaron a criticar todo lo que predicaba y enseñaba. Se transformaron en enemigos acérrimos. Después de unos meses, tuve que dejar mi lugar en el ministerio que había visto nacer. De pronto me encontré solo, dolorido y sin saber cuál sería mi futuro y el de mi familia. Ese mismo día Dios me dijo: «A ver qué corazón tienes ahora».

Poco tiempo después recibí una llamada. Era el hijo de una de las personas que me habían hecho mucho daño. Este joven pastor había sido puesto al frente de una iglesia con problemas, pero enfrentó esa difícil situación con fe y Dios lo había empezado a bendecir. Me dijo que me necesitaba, que él sabía lo mal que se habían portado conmigo; pero su iglesia estaba creciendo y quería que lo ayudara.

En ese momento, supe que Dios estaba probando mi corazón dándome la oportunidad de bendecirlo aunque fuera el hijo de alguien que me había hecho daño. Pensé que debía brindarle mi amistad y apoyarlo en todo.

Cuando le pedimos a Dios que transforme nuestro corazón Él pone manos a la obra.

Lo que nos rodea nos exige permanentemente ser decididos, emprendedores, agresivos, exitosos. Pero eso no significa tener el corazón de Dios. Si quiere ser usado por Él, entonces debe tener su corazón.

En cierta oportunidad me pidieron que escribiera sobre liderazgo y respondí que no escribía sobre ese tema, que lo hacía sobre el Espíritu Santo y la comunión con Dios. Pero me dijeron que en ese momento la necesidad era otra, que todo lo que salía tenía que ver con «las veinticinco leyes para ser líder».

Yo conozco una ley para ser líder: Tener el corazón de Dios. Si no cumple con esa, las otras 25 no sirven. Y me temo que algunas de esas veinticinco ni siquiera están de acuerdo con el corazón de Dios.

Cómo tener el corazón de Cristo

Lo primero que debemos tener en cuenta es cuidar nuestro corazón.

Conozco líderes destacados que no tienen el corazón de Dios. Son buenos predicadores, tienen mucho éxito, pero son comparables con los hijos de Sarvia. Como ya lo he dicho, Dios considera a esas personas sus adversarios.

Dios no nos ha llamado a «hacer», sino a «ser». Esto no tiene que ver con nuestras obras sino con parecernos cada día más a Él. Para eso debemos «despojarnos» del viejo hombre.

> «Haced morir, pues, lo terrenal en vosotros: fornicación, impureza, pasiones desordenadas, malos

> deseos y avaricia, que es idolatría...Dejad también vosotros todas estas cosas: ira, enojo, malicia, blasfemia, palabras deshonestas de vuestra boca. No mintáis los unos a los otros, habiéndoos despojados del viejo hombre con sus hechos, y revestido del nuevo, el cual conforme a la imagen del que lo creó se va renovando hasta el conocimiento pleno...»
>
> *Colosenses 3:5,8-10*

La Palabra también nos insta en 1 Pedro a «desvestirnos» de todo aquello que nos impide ser como Cristo.

> «Desechando, pues, toda malicia, todo engaño, hipocresía, envidias, y todas las detracciones.»
>
> *1 Pedro 2:1*

En este mismo pasaje se nos hace otra importante recomendación.

> «Desead, como niños recién nacidos, la leche espiritual no adulterada...»
>
> *1 Pedro 2:2*

Si después de tomar leche ingerimos algo ácido, esta se corta y vomitamos. Si esto le sucediera a un niño con frecuencia, tendría problemas en su crecimiento.

Podemos escuchar a los mejores maestros, leer los mejores libros y hacer los mejores estudios, la leche espiritual que bebamos puede ser de la mejor calidad; pero si en nuestro corazón hay pecado, echaremos a perder la leche espiritual y se retrasará nuestro crecimiento. Por eso la Palabra dice:

> «...para que por ella crezcáis para salvación, si es que habéis gustado la benignidad del Señor.»
>
> *1 Pedro 2:2-3*

Si aspiramos ser como Cristo debemos dejar que Él gobierne nuestro corazón.

> «Vestíos, pues, como escogidos de Dios, santos y amados, de entrañable misericordia, de benignidad, de humildad, de mansedumbre, de paciencia; soportándoos unos a

otros, y perdonándoos unos a otros...Y sobre todas estas cosas vestíos de amor, que es el vínculo perfecto. Y la paz de Dios gobierne en vuestros corazones.»

Colosenses 3:12-15

Subir para ser como Cristo

«Acercándoos a él, piedra viva, desechada ciertamente por los hombres, mas para Dios escogida y preciosa.»

1 Pedro 2:4

La palabra «acercándoos» significa literalmente «subiendo». Subir nos da la idea de avanzar, progresar, crecer.

Cristo es la «piedra viva», la piedra fundamental.

«...He aquí, pongo en Sion la principal piedra del ángulo, escogida, preciosa; y el que creyere en él, no será avergonzado. La piedra que los edificadores desecharon, ha venido a ser la cabeza del ángulo.»

1 Pedro 2:6-7

Cada uno de nosotros debemos ser edificados sobre el fundamento que es Cristo.

Nosotros también somos piedras vivas.

> «Vosotros también, como piedras vivas, sed edificados como casa espiritual y sacerdocio santo, para ofrecer sacrificios espirituales aceptables a Dios por medio de Jesucristo.»
>
> *1 Pedro 2:5*

Como piedra viva, para ser semejante a Cristo, debo ser «recortada», «pulida». Para que Dios pueda llevar a cabo este proceso en mí, necesito «acercarme», «subir» a Cristo.

Debo crecer de tal manera que llegue a ser como Él. Esta debe ser mi meta.

Mi modelo de piedra viva no nació en el pueblo más lindo. Nació en Belén, un lugar muy humilde de Israel, habitado en su mayoría por pastores. Había más cabritos y ovejas que personas. Belén era llamada «la casa del pan». Los beduinos pasaban por allí para comprar este alimento. Imagínese el tránsito de animales que habría y cómo estarían las calles. Jesús, el Rey de gloria, vino a nacer en uno de los establos de ese pueblo. Pasó su primer noche de vida en un pesebre, un lugar por demás inapropiado para un bebé. Allí se colocaba la comida de los animales.

Tampoco se crió en el mejor pueblo. La gente de Nazaret era pobre, y por muchos considerada ordinaria. Cuando le preguntaban a Jesús de dónde venía, era casi un insulto escuchar de Nazaret. El Rey de los judíos no podía ser un simple galileo, de padre carpintero.

> «Y venido a su tierra, enseñaba en las sinagogas de ellos, de tal manera que se maravillaban, y decían: ¿De dónde tiene este esta sabiduría y estos milagros? ¿No es este el hijo del carpintero...? Y se escandalizaban de él...»
>
> *Mateo 13:53-55,57*

La Biblia dice que debo identificarme con la humildad de Jesús, manifestada desde el mismo día de su nacimiento.

Cuando Jesús debió escoger a sus discípulos, no fue en busca de los líderes más destacados. Incluso escogió a uno que sabía que lo iba a traicionar.

Si yo hubiese tenido que tomar esta decisión, ninguno de los doce estaría en mi lista. Solo para empezar, ninguno reunía las características básicas para ser un buen líder.

Pero Jesús no hizo un análisis tan frío como el mío. Él no miró las apariencias sino el corazón, ya podía ver a estos hombres transformados. No pensó en lo que ellos eran capaces de hacer sino en lo que Él haría a través de sus vidas.

> «...lo necio del mundo escogió Dios, para avergonzar a los sabios; y lo vil del mundo escogió Dios, para avergonzar a los fuertes; y lo vil del mundo y lo menospreciado escogió Dios y lo que no es, para deshacer lo que es...»
>
> *1 Corintios 1:27-28*

Su nacimiento, el lugar donde vivió, la familia que tuvo, la forma en que desarrolló su ministerio, las personas de las que se rodeó, todo esto nos lleva a pensar que aún necesitamos «subir», crecer, para parecernos a Cristo. Esta es la tarea que Cristo desea hacer en nosotros al edificarnos como casa espiritual.

> «...vosotros sois labranza de Dios, edificio de Dios....pero cada uno mire como sobreedifica. Porque nadie puede poner otro fundamento que el que está puesto, el cual es Jesucristo.»
>
> *1 Corintios 3:9-12*

Todos nosotros somos piedras vivas y estamos siendo edificados como casa espiritual.

El Señor necesita tratar a aquellos que usará.

Dios le dijo a Salomón que edificara el templo con piedras, que las cortara en la cantera, en la montaña. En donde se construía el templo no debía haber martillos, ni se debía hacer ruido.

> «Y cuando se edificó la casa, la fabricaron de piedras que traían ya acabadas, de tal manera que cuando la edificaban, ni martillos ni hachas se oyeron en la casa, ni ningún otro instrumento de hierro.»
>
> *1 Reyes 6:7*

Las piedras eran lijadas y cepilladas cuidadosamente. Cada una tenía encajar perfectamente con la piedra angular; si no era así, debían volver a la cantera. Al llegar al monte las piedras debían estar listas para ser usadas.

El Señor está edificando la casa. Por eso a menudo usted se encuentra en medio de situaciones difíciles, al lado de gente áspera, dura. Está siendo preparado para ocupar su lugar. Una vez allí ya no habrá más trato.

Si en este momento no puede encontrar una explicación a lo que le está pasando, permítame decirle que se encuentra «en la cantera de Dios».

No huya; lo peor que le podría pasar sería no estar listo. Si Dios no le puede usar, una y otra vez volverá a la cantera.

Sea dócil y humilde. Permita que el Señor le vaya dando forma a su vida. Recuerde que Él nunca le hará pasar por ninguna situación que no pueda resistir.

Hay gente que no aceptó el trato de Dios y fue descalificada.

¿Se ha fijado cómo se construye una pared? Con ladrillos o bloques uno al lado del otro. Dios tiene en su casa un lugar que le pertenece a usted. Su lugar no es mi lugar, y mi lugar no es el suyo. Si aún no lo ha ocupado, la casa no está completa. No podemos dejar espacios abiertos, porque por ahí se mete el enemigo.

Tome su lugar. Sométase a la disciplina de Dios. Si está en su cantera, deje que Dios complete su obra. Allí es donde Dios nos transforma para ser edificados en Cristo.

PREGUNTAS

1. Si yo no tengo el corazón de Jesús, Él me considera su:

   ____

2. ¿Qué significa "tribulación"?

   ____

   ____

   ____

   ____

   ____

3. ¿Cómo podemos tener el corazón de Cristo?

   ____

   ____

   ____

   ____

   ____

4. La palabra "acercándoos" significa literalmente:

   ____

Capítulo 4

El Espíritu de Cristo

> «Los profetas que profetizaron de la gracia destinada a vosotros, inquirieron y diligentemente indagaron acerca de esta salvación, escudriñando qué persona y qué tiempo indicaba el Espíritu de Cristo que estaba en ellos, el cual anunciaba de antemano los sufrimientos de Cristo, y las glorias que vendrían tras ellos. A estos se les reveló que no para sí mismos, sino para nosotros, administraban las cosas que ahora os son anunciadas por los que os han predicado el evangelio por el Espíritu Santo enviado del cielo; cosas en las cuales anhelan mirar los ángeles.»
>
> *1 Pedro 1:10-12*

Este texto declara que los profetas del Antiguo Testamento, todos y cada uno de ellos, profetizaban acerca de ese «regalo no merecido», acerca de la «gracia».

El oficio de profeta consistía en declarar la revelación que venía de Dios. Los profetas debían estar atentos a lo que Dios les comunicaba. De modo que para profetizar debían estar alertas. Dios podía comunicarles en cualquier momento lo que debían anunciar al pueblo y a las futuras generaciones. En muchas oportunidades, Dios les habló acerca de un regalo que vendría a manifestar todo su amor y traería salvación a los hombres.

> «¿Quién ha creído en nuestro anuncio? ¿y sobre quién se ha manifestado el brazo de Jehová? Subirá cual renuevo delante de él, como raíz de tierra seca...Verá el fruto de la aflicción de su alma, y quedará satisfecho; por su conocimiento justificará mi siervo justo a muchos, y llevará las iniquidades de ellos.»
>
> *Isaías 53:1-2,11*

Los profetas, los sacerdotes y todos los hombres que hablaron con Dios, profetizaron acerca de este regalo.

Pero la Escritura va más allá. Dice que ellos no solamente profetizaban sino que «indagaban y diligentemente inquirían» sobre esto. Cuando recibían revelación de Dios sobre esta gracia que vendría del cielo se preguntaban: ¿Cómo será el regalo del que nos está hablando?

Era tal la necesidad de conocer algo más acerca de esta gracia prometida, que observaban cuidadosamente en «qué persona» y en «qué tiempo» podía llegar a manifestarse. Cada vez que aparecía alguien se preguntaban: ¿Será este hombre el regalo? ¿Será este el tiempo del regalo? Y cuando surgía un rey decían: ¿Este rey será el regalo? ¿Será este el tiempo? Deseaban conocer lo que Dios había preparado para nosotros.

> «Porque de cierto os digo, que muchos profetas y justos desearon ver lo que veis, y no lo vieron; y oír lo que oís, y no lo oyeron.»
>
> *Mateo 13:17*

La Biblia menciona en 1 Pedro que el regalo era «el Espíritu de Cristo». Los profetas profetizaron e indagaron siempre acerca de Él.

¿Sabe usted que desde el Génesis ha sido revelado el Espíritu de Cristo?

En Génesis 1:2 se menciona que: «... el Espíritu de Dios se movía sobre la faz de las aguas».

Tenemos otros ejemplos. Cuando Dios le dijo a Noé que construyera el arca, fue el Espíritu de Cristo quien reunió a los animales desde todos los rincones de la tierra. A Abraham le dio una promesa, que su descendencia sería como las estrellas del cielo. A Jacob lo convirtió en príncipe de Dios. A José el Espíritu de Cristo lo llevó de la cárcel al trono. Se le reveló a Moisés diciendo: «Mi nombre es Yo Soy». En el libro de Jueces le dice a Gedeón: «Varón fuerte y valiente». También se manifestó a David, a Elías, a Eliseo, a Job y a Daniel. Y en Malaquías el Espíritu de Cristo dice: «Yo soy el sol de Justicia. Yo soy el ángel de pacto y en mis alas traigo salvación.»

Las manifestaciones son claras a lo largo de todo el Antiguo Testamento.

En el Nuevo Testamento, el encargado de anunciar que el regalo ya había llegado fue Juan el Bautista, el último profeta. Me imagino que mientras caminaba por las calles de Judea vio venir a Jesús y se detuvo a mirarlo. De repente comenzó a gritar: «Mírenlo. He aquí el regalo. El Cordero de Dios que quita el pecado del mundo. ¡Llegó la gracia!»

A partir de ese momento, el Espíritu de Cristo ya no era más un regalo que venía del cielo, sino una realidad a través de la vida de Jesús.

Por eso dijo: «Escudriñad las Escrituras porque ellas dan testimonio de mí» (Juan 5:39); sabía que todos los profetas hablaban acerca de Él, del Espíritu de Cristo que ahora se manifestaba a través de su vida.

CÓMO SE MANIFESTÓ EL ESPÍRITU DE CRISTO

En primer lugar recordemos las palabras de Jesús cuando dijo:

> «No puedo yo hacer nada por mí mismo; según oigo, así juzgo; y mi juicio es justo, porque no busco mi voluntad, sino la voluntad del que me envió, la del Padre.»
>
> *Juan 5:30*

El Espíritu de Cristo se manifestó en un corazón sometido a la voluntad del Padre; no le importaba destacarse, no buscaba una promoción personal. Era un corazón que se alegraba en el placer y el contentamiento del Padre.

En Juan 8:28 podemos leer:

> «... Cuando hayáis levantado al Hijo del hombre, entonces conoceréis que yo soy, y que nada hago por mí mismo, sino que según me enseñó el Padre, así hablo.»

Desde Getsemaní hasta la cruz encontramos que estas palabras se han cumplido plenamente.

Desde la cruz, rodeado por aquellos que lo habían herido, Cristo proclamó: «Padre, perdónalos porque no saben lo que hacen». Las palabras del Crucificado brotaron desde un corazón misericordioso y perdonador.

El Espíritu de Cristo manifiesta perdón, gracia, amor y paciencia.

En Getsemaní vemos al Espíritu de Cristo clamando:

«Padre, si quieres, pasa de mí esta copa; pero no se haga mi voluntad sino la tuya.»

Lucas 22:42

Con el deseo de hacer la voluntad del Padre, Jesús permitió que un traidor lo besara y lo vendiera por treinta piezas de plata. Dejó que lo azotaran, que lo escupieran y que le clavaran una corona de espinas sobre su cabeza. Permitió que lo crucificaran en un madero y le hicieran pasar la peor de las agonías.

El Espíritu de Cristo estuvo en la cruz. No se bajó, no movió un dedo, no puso resistencia cuando los clavos traspasaron sus muñecas. El Espíritu de Cristo fue obediente hasta la muerte. Simplemente se entregó voluntariamente en obediencia al Padre. Aceptó la aflicción, no huyó de los problemas. Después de seis horas en la cruz declaró: «Padre, en tus manos encomiendo mi Espíritu». ¡Ese es el Espíritu de Cristo! Así es el corazón del que confía en el Padre, está seguro aun en el mismo momento de la muerte.

> Por esa razón Pedro escribe que «...el Espíritu de Cristo... anunciaba de antemano los sufrimientos de Cristo...»
>
> *1 Pedro 1:11*

Pablo dice en Romanos que el Espíritu de Cristo que mora en nosotros le ha dado muerte a los deseos de la carne; y ya no servimos más al pecado sino que ahora andamos en el Espíritu.

> «Sabiendo esto, que nuestro viejo hombre fue crucificado con él...a fin de que no sirvamos más al pecado.»
>
> *Romanos 6:6*

> «Mas vosotros no vivís según la carne, sino según el Espíritu, si es que el Espíritu de Dios mora en vosotros. Y si alguno no tiene el Espíritu de Cristo, no es de él. Así que, hermanos, deudores somos, no a la carne, para que vivamos conforme a la carne; porque si vivís conforme a la carne, mori-

> réis; mas si por el Espíritu hacéis morir las obras de la carne, viviréis. Porque todos los que son guiados por el Espíritu de Dios, estos son hijos de Dios.»
>
> *Romanos 8:9,12-14*

Estoy diciendo esto porque si queremos ganar las naciones para Dios ¡tenemos que ir con el Espíritu de Cristo! Si queremos ser instrumentos poderosos en sus manos, debemos tener un corazón conforme al corazón de Cristo.

Contrastemos la actitud de Jesús en la cruz con la de algunos personajes en ese mismo momento.

Pedro, por ejemplo, negó al Maestro. Los discípulos se dispersaron, tenían miedo de que los apresaran y los mataran. No querían quedarse en Jerusalén. ¿Sabe una cosa? Ellos no tenían el Espíritu de Cristo, porque cuando vieron el peligro, huyeron. Y mientras estaban escondidos se les apareció Jesús y les dijo: «Yo los tengo que enviar a las naciones» porque «toda autoridad me es dada en el cielo y en la tierra. Por tanto, id, y haced discípulos a todas las naciones...» Sin embargo, sabía que ellos no tenían el Espíritu de Cristo, sus corazones estaban turbados. Entonces dice la Biblia que Jesús sopló sobre ellos.

> «Entonces Jesús les dijo otra vez: Paz a vosotros. Como me envió el Padre, así también yo os envió. Y habiendo dicho esto, sopló, y les dijo: Recibid el Espíritu Santo.»
>
> *Juan 20:21-22*

El texto en griego no dice que sopló «el» Espíritu Santo, dice que sopló «Espíritu Santo». Sopló su Espíritu. El Espíritu de Cristo que es obediente hasta la muerte. Por eso en Hechos 2 los encontramos juntos, unánimes, orando; porque Jesús había soplado su Espíritu sobre ellos.

Pero el Espíritu de Cristo no sólo se manifiesta a través de la obediencia y el sufrimiento, sino también con gloria.

En 1 Pedro 1:11 dice que «...el Espíritu de Cristo... anunciaba de antemano los sufrimientos de Cristo, y las glorias que vendrían tras ellos». Esto significa que por cada sufrimiento hay una gloria.

El creyente que decide ser obediente en medio de cualquier circunstancia debe saber que hay glorias que lo seguirán.

El ejemplo de esto lo tenemos en Cristo.

> «Por lo cual Dios también le exaltó hasta lo sumo, y le dio un nombre que es sobre todo nombre, para que en el nombre de Jesús se doble toda rodilla de los que están en los cielos, y en la tierra, y debajo de la tierra; y toda lengua confiese que Jesucristo es el Señor, para gloria de Dios Padre.»
>
> *Filipenses 2:9-11*

Después del sufrimiento en la cruz, a Jesús lo esperaba un trono a la diestra del Padre. Y a ese trono Él llegó seguido de gloria.

Aquellos que tienen el Espíritu de Cristo son los que pueden decirle al Padre: «Que sea hecha tu voluntad y no la mía. Lo que me pidas te doy porque todo te pertenece a ti, lo he recibido por gracia.» A esas personas Dios las envía a las naciones.

Tal vez usted piense que no está capacitado, pero si tiene el Espíritu de Cristo puedo asegurarle que Dios va a usarlo como lo hizo con Felipe en el desierto.

Hace un tiempo el Señor me habló acerca de un testimonio, de una evidencia que Él traería a la Iglesia. Quizás piense: «Será algo grande y glorioso, un poder, una unción». No, el testimonio será un corazón, un corazón conforme al de Jesús. Esa será la evidencia que le presentaremos al mundo.

El apóstol Juan, pastor de la iglesia en Éfeso, estaba causando muchos «problemas» en esa ciudad. Lo habían amenazado por predicar la Palabra de Dios. Finalmente, el gobierno local lo atrapó y lo llevó a la isla de Patmos. La Biblia dice que Juan fue dejado allí por dos razones: La Palabra de Dios y el testimonio de Jesús.

> «...que ha dado testimonio de

> la palabra de Dios, y del testimonio de Jesucristo, y de todas las cosas que ha visto.»
>
> *Apocalipsis 1:2*

Fue llevado no solo por predicar la Palabra sino porque el testimonio de Jesús en Juan era evidente. Al diablo no le molestaban tanto los milagros que pudiera hacer o su ministerio de enseñanza, sino que Juan le dijera a la gente: «Pueden matarme, pueden llevarme al coliseo para que me devoren los leones; pero no dejaré de predicar el evangelio. No le tengo temor a la muerte. Yo vi a Jesús morir, vi su sangre. Estaba reunido con los discípulos cuando Jesús se nos apareció antes de ascender al cielo y sopló su Espíritu sobre nosotros. Ese Espíritu entró en mí y por eso no le tengo miedo a la muerte. ¡Mátenme si quieren!»

El diablo no sabe que hacer con una persona que no le teme a la muerte.

Leemos en Apocalipsis 6:9:

> «Cuando abrió el quinto sello, vi bajo el altar las almas de los

> que habían sido muertos por causa de la palabra de Dios y por el testimonio que tenían.»

Este versículo hace referencia a los 144.000 mártires que morirán no solo por la Palabra de Dios sino también por dar testimonio de Jesús.

Ellos no le tendrán temor al anticristo y preferirán morir antes que negar a Dios.

Serán obedientes hasta la muerte. Elegirán hacer la voluntad del Padre. Ese será su testimonio.

Este mismo Espíritu también llevó a Pablo a dar testimonio de su fe en Jesucristo frente a gobernantes romanos, líderes religiosos judíos, pueblo gentil de todo el imperio sin temor a lo que pudieran hacerle. Y conocemos que Pablo y los que estaban con él padecieron todo tipo de escarnios y tribulaciones por dar a conocer la gracia de Dios.

> «Antes bien, nos recomendamos en todo como ministros de Dios, en mucha paciencia y tribu-

> lación, en necesidades, en angustias; en azotes, en cárceles, en tumultos, en trabajos, en desvelos, en ayunos...»
>
> *2 Corintios 6:4-5*

Y añade:

> «... en el Espíritu Santo. »
>
> *2 Corintios 6:6*

Hubo un tiempo en mi vida que solo deseaba ser usado por el Señor. Fui a la Escuela Bíblica; me «quemé las pestañas» estudiando. Sin embargo, Dios no me podía usar porque no tenía un corazón conforme al suyo. El Espíritu Santo estaba en mí, era salvo, tenía celo por las cosas de Dios, por las doctrinas fundamentales de la iglesia. Sin embargo, tenía temor de perder algunas cosas porque el Espíritu de Cristo no estaba en mí.

Él es el único que puede ayudarnos a vencer nuestros miedos y capacitarnos para hacer su voluntad. Solo necesitamos pedirle que sople sobre nosotros.

El Espíritu de Cristo que en este mismo momento se manifiesta sobre los creyentes de los países en donde el evangelio está prohibido, es el mismo que se manifestó en la Unión Soviética, en China y en Nicaragua durante los años '70 y '80 cuando los cristianos eran sacados a las plazas y asesinados públicamente por causa de su fe.

Es el mismo Espíritu que estaba sobre los cristianos encarcelados por compartir la Palabra de Dios en los países comunistas; y sobre los creyentes del primer y segundo siglo que entraban al coliseo romano cantando himnos mientras eran devorados por los leones. A ellos el Señor les pidió todo y ellos lo entregaron todo.

Por los sufrimientos de aquellos que vertieron su sangre por el Espíritu de Cristo, hoy nosotros nos congregamos cómodamente en grandes templos. Ellos abrieron el camino y permitieron que naciera una Iglesia gloriosa.

Dios nos está dando la oportunidad de ser como estos hombres y mujeres de Dios que entregaron todo por Él. No eran diferentes a nosotros, pero dejaron que el Espíritu de Cristo transformara sus corazones y por ese motivo pudieron ser obedientes frente a las circunstancias más difíciles.

Si se encuentra entre los que desean tener el corazón de Jesús y espera que el Espíritu de Cristo pueda manifestarse a través de su vida, entonces no espere más, dígale al Señor: «Sopla sobre mí, sopla ahora.»

Preguntas

1. ¿En qué consistía el oficio de profeta?

2. ¿De qué "regalo" nos habla 1 Pedro?

3. Apocalipsis habla de 144.000 mártires. ¿Por qué morirán estas personas?

CIELOS ABIERTOS / OPEN HEAVENS

P.O. BOX 34

Butler, N.J. 07405 - USA

DavidGreco@cielosabiertos.org